Au château!

Delphine Bournay

Au château !

Illustrations de l'auteur

l'école des loisirs

11, rue de Sèvres, Paris 6ᵉ

Du même auteur à *l'école des loisirs*

Collection MOUCHE

Grignotin et Mentalo
Grignotin des Bois et Mentalo de la Vega

ISBN 978-2-211-09267-8

© *2007, l'école des loisirs, Paris*
Loi n° 49.956 du 16 juillet 1949 sur les publications
destinées à la jeunesse : mars 2007
Dépôt légal : avril 2009
Imprimé en France par l'imprimerie Clerc
à Saint-Amand-Montrond

Pour le Papa et les monstres

Merci encore et toujours à Lisa Mandel

Debout !

Debout, les monstres ! Aujourd'hui, de grandes choses nous attendent !

Nous allons visiter...

...Le château de Chenonceau !

Moi, je n'aime pas les grandes choses ! J'aime ce qui est petit...

Écoutez, les filles ! Nous allons découvrir un chef-d'œuvre d'architecture !

De la Renaissance française ! Alors je compte sur vous pour être bien gentilles !

Habillez-vous ! Je prépare le pique-nique ! Et puis roulez jeunesse !

Ithh !

Qui c'est qui a envie d'aller au château ?

On se maquille en maladie !

Eh bien pas moi ! Je me maquille en souriceau !

Un point c'est tout !

De toute façon, tout le monde s'en fiche de moi !

Oh ! Comme elle est mignonne !

Viens là, Cœur de rose ! Qu'est-ce que tu veux comme maquillage ?

Un souriceau !

Je vais la taper!

Je vais le dire à papa
que vous n'êtes même
pas malades!

Je la tape!

NON!

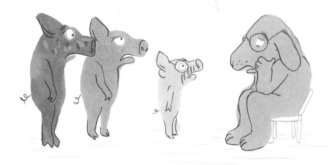

Je vous propose une journée formidable dans un haut lieu du patrimoine français et vous ne pensez qu'à vous battre!

Et puis, qu'est-ce que vous avez sur la figure?

Oh ! Rien du tout ! C'était pour rigoler ! Hein, les filles ?

On va tout nettoyer !

Alors ! On y va, au château ?

Mon petit papa !

parce que, nous,

on n'a pas que ça à faire !

En voiture !

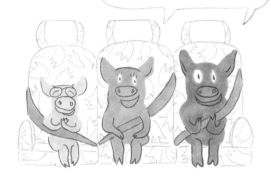

La radio !

La radio !

La radio !

La rad...

Bon ! Je peux commencer ?
... Bien !

C'est au début du
XIIIe siècle que l'on
a connaissance...

...d'un château dressé sur
la rive Ron pchii ! est
aux ma Ron pchii ! la
famille Marques...

On s'arrête parce que vous me faites beaucoup de peine ! Vous ne vous intéressez à rien !

Oh ! Papa ! C'était pour rigoler !

Ben ouais ! Si on peut plus rigoler dans cette famille !

Papa ? On voudrait
une autre histoire !

Qu'est-ce que vous voulez
comme histoire ?

Une histoire de princesse !

Ça tombe bien ! J'en ai une !

Il était une fois Henri II, amoureux de Diane de Poitiers. Cette dame est d'une grande beauté...

J'ai un peu faim, moi!

Le roux de ses cheveux est incomparable ! Sans parler de la finesse de sa taille !

Le roi lui offre Chenonceau !

Oh non ! Encore Chenonceau !

Je vais le dire à papa que tu tripotes le pique-nique !

Tais-toi, sinon je te jette par la fenêtre !

En 1559, Henri II meurt dans une joute contre Montgomery

Incroyable !

Mais la reine Catherine
de Médicis est très jalouse !

Pas possible !

Elle lègue le château
à Louise de Lorraine...

Catherine de Médicis obtient la restitution du château. Enfin !

Vous voyez, les enfants, c'est tout de même plus agréable de voyager quand vous êtes bien sages.

La splendeur

Les monstres ! Réveillez-vous ! On est arrivés !

Soit on va au château, soit on pique-nique. Vous avez faim ?

Vous voyez, les enfants...

Toi, t'es déjà grosse, alors tu ferais mieux de faire une grève de la faim !

Quand vous viendrez ici avec vos propes enfants ...

Vous vous souviendrez de cette belle journée de printemps que vous avez passée avec votre papa...

Votre papa...

... qui vous aime...

Oh, papa... Qu'est-ce qu'il y a ?

C'est à cause des crêpes ?

Mais non, mes chéries, ce n'est pas à cause des crêpes ! C'est le bonheur de vous avoir avec moi !

Non, parce que, si c'est les crêpes, c'est la faute à Cœur de rose.

Le jardin

Les monstres ! Le jardin est immense ! Je compte sur vous pour rester à côté de moi !

Ouii !

C'est magnifique ! Plus de 40 000 plants de fleurs culti-vés dans le domaine !

Papa, tu joues à quoi ?

Je joue au roi !

Et moi, je suis Diane de Poitiers ! La préférée !

Et moi ?

Et moi ?

J'en fais pas, Cœur de rose, tu pourras faire le sanglier si tu veux !

Celui qu'on poursuit à la chasse à courre et qu'on abat d'une flèche entre les deux yeux !

Papa !

Les enfants ! Vous êtes mes reinettes toutes les trois! Ne vous disputez pas !

Je veux pas faire le sanglier !

Ça suffit ! J'en ai vraiment assez ! Maintenant vous vous taisez !

Vous vous mettez en file indienne et la prochaine qui parle, je la ramène à la voiture !

C'est compris ?

Regardez, les monstres, ces buissons tout ronds ! C'est rigolo, non ?

Non ?

Dites donc, les monstres, je vous ai interdit de vous disputer, pas de parler !

Personne n'a rien à dire ?

Eh bien, puisque c'est comme ça, je vais en profiter pour vous parler des tapisseries des Flandres qui ornent la chambre de Catherine de...

... Médicis. Ces tapisseries du XVIᵉ siècle retracent la vie de Samson...

... Cette chambre possè-
de un beau mobilier scul-
Papa, j'ai envie
de faire pipi !
XVIe siè

Ah ! Cœur de rose a retrouvé
sa langue ! Qui d'autre a
envie de faire pipi ?

Moi !

Moi !

Eh bien, nous allons tous faire pipi chez Catherine de Médicis !

On peut ?

Bien sûr ! Si on se cache ! Baissez-vous, les enfants !

Ça commence à me plaire, Chenonceau !

À moi aussi ! À moi aussi !

La barque

J'espère qu'on ne va pas visiter l'intérieur du château !

J'espère aussi !

Papa ! Regarde ! On peut faire de la barque !

De la barque ! De la barque ! De la barque !

D'accord, mes reinettes ! Mais il va falloir être très mignonnes !

On sera sages comme des images !

Non, parce que, si vous vous battez comme à votre habitude, c'est la barque qui se retourne et tout le monde tombe à l'eau !

Ça, tu peux être sûr que ça n'arrivera pas !

Papa ! Est-ce qu'on peut mettre nos doigts dans l'eau ?

Bien sûr, mes reinettes ! À condition de ne pas trop gigoter !

Guh ! Guh !

Regardez, les Japonais me prennent en photo !

CLIC !

Et moi ?

Toi, avec tes grosses fesses, même les Japonais ils te veulent pas en souvenir !

Papa !

CLIC!

Tu entends ce qu'elle dit sur moi ?

Coeur de rose !

CLIC!

CLIC!

Ne me refaites jamais une peur pareille ! Vous êtes sèches ?

Guii !

Alors en route, mauvaise troupe !

Une excellente journée

On a bien rigolé à Chenonceau !

Moi, ce que j'ai préféré, c'est quand on est tombés dans l'eau !

Moi aussi !

Tu sais, j'ai vu une publici-té pour un autre château ! Le château de Jean Bord !

On pourrait peut-être y aller dimanche prochain !

C'est pas Jean Bord ! C'est Chambord ! Un château bâti à partir de 1519 pour François Iᵉʳ, au cœur d'une vaste forêt On dit que 1800 ouvriers œuvrèrent à sa construction, et pendant plus de 30

J'ai un peu faim, moi !

Qu'est-ce est au cœur d'u
v qu'il reste? forêt que ce palai
blanc s Un carré de chocolat, s
Le p un petit bout de gras
de saucisson...

de l'é d'un
châtea Qui veut le pe- une va
enceint tit bout de gras? tang

Regardez, les monstres, la belle lumière dans la forêt !

Mesdames, messieurs, bonjour !

Bienvenue à l'émission de radio "Une fois n'est pas coutume."

Tu joues à quoi ?

Ça ne se voit pas, non ?
On joue aux interviews !

Je voudrais dire quelque chose !

Plus tard !

Je suis heureuse de recevoir Robert Radagon, qui va nous donner ses impressions sur sa journée d'aujourd'hui !

Mr Radagon, c'est à vous !

Oui ! Tout d'abord, bonjour à tous les auditeurs d'"Une fois n'est pas coutume".

Bonjour !

Eh bien, aujourd'hui dimanche, j'ai passé une excellente journée avec mes princesses Radagonnettes !...

...Nous avons visité un mer-
veilleux château de la Renaissance française, cons...

...truit sur l[Merci monsieur
Radagon de votre témoignage !
Je crois qu'une personne dans
le public veut intervenir !

CLAP !
CLAP !

Une Radagonnette !
Cœur de rose !
On vous écoute !

Chers auditeurs, bonjour !

Je voudrais dire que c'est pas parce que je suis petite qu'il faut me donner les bouts de gras du saucisson.

Bien ! Merci de votre té-
moignage ! Robert Radagon,
quelque chose à ajouter ? Non !
Eh bien tant mieux !

Et moi ?

Quand c'est qu'on m'interview ?

Désolée, mademoiselle,
l'émission touche à sa fin...

CLAP!
CLAP!

CLAP!
CLAP!

CLAP!
CLAP!

CLAP!
CLAP!

Je compte sur vous !

Et maintenant, Robert Radagon va nous interpréter une chanson !

CLAP!
CLAP!

CLAP!
CLAP!

CLAP!
CLAP!

CLAP!
CLAP!

CLAP!
CLAP!

CLAP!
CLAP!